BEI GRIN MACHT SICH IHR WISSEN BEZAHLT

AF146037

- Wir veröffentlichen Ihre Hausarbeit,
  Bachelor- und Masterarbeit

- Ihr eigenes eBook und Buch -
  weltweit in allen wichtigen Shops

- Verdienen Sie an jedem Verkauf

Jetzt bei www.GRIN.com hochladen und kostenlos publizieren

Bibliografische Information der Deutschen Nationalbibliothek:

Die Deutsche Bibliothek verzeichnet diese Publikation in der Deutschen National-
bibliografie; detaillierte bibliografische Daten sind im Internet über http://dnb.d-
nb.de/ abrufbar.

Impressum:

Copyright © 2013 GRIN Verlag
Druck und Bindung: Books on Demand GmbH, Norderstedt Germany
ISBN: 9783668764712

Dieses Buch bei GRIN:

https://www.grin.com/document/434918

Andreas Möller

Softwarequalität. Richtlinien und Normen

GRIN Verlag

GRIN - Your knowledge has value

Der GRIN Verlag publiziert seit 1998 wissenschaftliche Arbeiten von Studenten, Hochschullehrern und anderen Akademikern als eBook und gedrucktes Buch. Die Verlagswebsite www.grin.com ist die ideale Plattform zur Veröffentlichung von Hausarbeiten, Abschlussarbeiten, wissenschaftlichen Aufsätzen, Dissertationen und Fachbüchern.

Besuchen Sie uns im Internet:

http://www.grin.com/

http://www.facebook.com/grincom

http://www.twitter.com/grin_com

FOM Hochschule für Ökonomie & Management Essen, Studienort Bonn
Berufsbegleitender Studiengang zum Bachelor of Science (Wirtschaftsinformatik)
IT-Infrastruktur
4. Semester (Sommersemester 2013)

Softwarequalität – Richtlinien und Normen

Inhaltsverzeichnis

Abkürzungsverzeichnis

CMM	Capability Maturity Model
CMMI	Capability Maturity and Model Integration
CMMI-AUQ	CMMI for Acquisition
CMMI-DEV	CMMI for Developer
CMMI-SVC	CMMI for Services
DIN	Deutsches Institut für Normung
EN	Europäische Norm
FCM	Factor-Creteria-Metrics-Modell)
FURPS	Functionality, Usability, Reliability, Performance and Supportability
IEC	International Electrotechnical Commission
IEEE	Institute of Electrical and Electronics Engineers
ISO	International Organisation of Standardisation
QMS	Qualitätsmanagementsystem
SCAMPI	Standard CMMI Appraisal Method for Process Improvement
SEI	Software Engineering Institute
SPICE	Software Process Improvement and Capability Determination
SQuaRE	Software product Quality Requirements and Evaluation

Tabellenverzeichnis

Abbildungsverzeichnis

1 Einleitung

Diese Ausarbeitung befasst sich mit den für die Softwarequalität geltenden Richtlinien und Normen. Hierzu werden im Verlauf dieser Ausarbeitungen die relevantesten Normen und Richtlinien, die bei der Entwicklung von hochqualitativer Software angewandt oder zur Vergleichbarkeit von Software hinsichtlich Ihrer Qualität herangezogen werden können, dargestellt.

1.1 Motivation

Qualitativ hochwertige Software rückt immer weiter in den Fokus der Wirtschaftsobjekte. So ist Software heute meist ein zentraler Bestandteil in den Wertschöpfungsketten von Produkten und Dienstleistungen vieler Branchen und oftmals die Basis für Wettbewerbsvorteile gegenüber Wettbewerbern, wodurch der Qualitätsanspruch an Software weiter gestiegen ist.

Für Softwareentwickler wird es gleichzeitig immer aufwändiger, eine Software wirtschaftlich und wettbewerbsfähig zu entwickeln und die Balance zwischen hochqualitativer Software und möglichst geringen Entwicklungs- und Wartungskosten zu halten. Die Softwareentwicklung gleicht heute aber häufig noch dem ursprünglichen kreativen Erstellungsprozess, dessen Fokus auf der reinen Machbarkeit und einer anschließender Fehlerkorrektur liegt[1].

Aufgrund der zentralen Bedeutung von Software für heutige Unternehmen steigt jedoch der Bedarf nach einem möglichst standardisierten, industriellen Entwicklungsansatz, wodurch Softwarequalität einheitlich messbar und vergleichbar gemacht wird. Die industrielle Entwicklung von Software verfolgt dabei den gleichen Ansatz wie die Fertigung anderer weit industrialisierter Branchen, die eine gleichbleibende hohe Qualität bei möglichst geringen Kosten als Ziel hat.[2]

Die industrielle Entwicklung von Software kann dabei, ähnlich wie in der Automobilbranche, durch einen hohen Grad an Standardisierung erreicht werden. Zu diesem Zweck wurden verschiedene Richtlinien und Normen vereinbart, die für die Softwareentwicklung standardisierte Vorgehensweisen beinhalten.

---

[1] Vgl. BITKOM (Hrsg.)(2010), Industrielle Softwareentwicklung, www.bitkom.de, (Abruf: 29.04.2013), Seite 4
[2] Vgl. Balzert (1998), Lehrbuch der Softwaretechnik: Software Management, Software-Qualitätssicherung, Unternehmensmodellierung, S. 285f

1.2 Ziel und Abgrenzung

Das Ziel dieser Ausarbeitung ist es, dem Leser die verschiedenen relevanten Normen und Richtlinien, wie Best-Practices und Qualitätsmodelle der Softwarequalität, aufzuzeigen und die Zielsetzung dieser darzustellen. Dabei werden nach der Begriffsklärung die unterschiedlichen Herangehensweisen des prozessorientierten und produktorientierten Ansatzes für Softwarequalität vorgestellt.

Zum inhaltlichen Verständnis des produkt- und prozessorientierten Ansatzes werden dazu notwendige Voraussetzungen aufgelöst. Projektmanagement im Allgemeinen ist jedoch nicht Gegenstand dieser Ausarbeit.

1.3 Begriffsklärung

1.3.1 Qualität

Der Qualitätsbegriff an sich ist nicht eindeutig definiert. Hierzu finden sich in der Literatur zahlreiche Meinungen und Sichtweisen wie Qualität zu beschreiben ist, die sich oftmals sehr ähneln aber doch unterschiedlich sind.

Eine Definition, die viele dieser Aspekte aufgreift ist in der DIN ISO Norm 55350 (Deutsches Institut für Normung, International Organization for Standardization) beschrieben. Darin heißt es: "Qualität ist die Gesamtheit von Eigenschaften und Merkmalen eines Produktes oder einer Tätigkeit, die sich auf deren Eignung zur Erfüllung gegebener Erfordernisse bezieht. Die Erfordernisse ergeben sich aus dem Verwendungszweck des Produktes oder dem Ziel der Tätigkeit unter Berücksichtigung der Realisierungsmöglichkeiten."[3]

Ein weiterer Ansatz, der verschiedene Meinungen und Sichtweisen aufgreift wurde durch Garvin beschrieben, der den Qualitätsbegriff aus fünf unterschiedlichen betrieblichen Blickwinkeln betrachtet:

---

[3] DIN 55350-11:2008-05

Fünf Qualitätsansätze nach Garvin	
transzendente Ansatz	Betrachtet Qualität als universell erkennbar, absolut, einzigartig und vollkommen. Dabei ist Qualität nicht exakt definiert und messbar.
produktbezogener Ansatz	Betrachtet Qualität als messbare und vergleichbare Größe objektiv bewertbarer Merkmale des Endproduktes.
benutzerbezogener Ansatz	Bewertet die Qualität am Grad der Befriedigung der Anforderungsbedürfnisse des Benutzers.
prozessbezogener Ansatz	Qualität entsteht im Erstellungsprozess eines Produktes durch einen spezifizierten und kontrollierten Erstellungsprozess.
Kosten/Nutzen-bezogener Ansatz	Qualität ist gegeben, wenn ein Produkt einen bestimmten Nutzen zu einem angebrachten Preis erbringt.

Tabelle 1: Fünf Qualitätsansätze nach Garvin[4]

Aus den Qualitätsansätzen nach Garvin ist abzuleiten, dass Qualität nicht absolut bestimmt werden kann. Vielmehr stellt Qualität die Summe der Verhältnismäßigkeit aus den gegebenen Anforderungen an ein Produkt und den erreichten Ausprägungen der Eigenschaften für eine jeweilige Sichtweise dar.

1.3.2 Softwarequalität

Analog zum Qualitätsbegriff ist auch Softwarequalität nicht eindeutig definiert, da auch hier unterschiedliche Betrachtungsweisen existieren. Bei Betrachtung der Literatur kristallisiert sich jedoch heraus, dass Softwarequalität vor allem an den produkt- und prozessbezogenen Qualitätsansätzen festgemacht werden kann. So kann in Anlehnung an die Qualitätsansätze von Garvin, Softwarequalität als „die Summe aller relevanten Eigenschaften eines Software-Produktes, mit denen seine Kunden zufriedengestellt werden, und die Summe der dazu notwendigen Eigenschaften von Software Prozessen wie z.B. erreichte Reifegrade, die zur Erstellung, zum Betrieb und

---

[4] Vgl. Garvin (1984), What does Product Quality Really Mean?, Sloan Management Review, Fall 1984, S. 25-45;
Vgl. Balzert (1998), Lehrbuch der Softwaretechnik: Software Management, Software-Qualitätssicherung, Unternehmensmodellierung, S. 256

zur Pflege gefordert werden"[5] definiert werden. Diese Definition beinhaltet sowohl Aspekte an die Software als Produkt, an die Qualität des Erstellungsprozesses, sowie an die Erfüllung von Kundenanforderungen.

1.3.3 Qualitätsmodelle

Für die praktischen Anwendungen ist die allgemeine Definition von Softwarequalität aus Absatz 1.3.2 aufgrund der hohen Abstraktion jedoch nicht anwendbar. In der Praxis haben sich daher verschiedene Qualitätsmodelle, wie FCM-Modelle (Factor-Criteria-Metrics-Modell) etabliert. Qualitätsmodelle, wie FCM-Modelle, konkretisieren Softwarequalität von allgemeinen Merkmalen hin zu detaillierten Untermerkmalen und ermöglichen verschiedene Sichtweisen auf die Softwarequalität. Beim FCM-Modell beispielsweise werden nach Top-Down-Verfahren auf der obersten Ebene Merkmale für Softwarequalität definiert, die durch Teilmerkmale der nächsten Ebenen konkretisiert werden. Die unterste Ebene bilden die Indikatoren, anhand derer die Qualitätsmessung erfolgt.[6] Ein Beispiel für ein solches FCM-Modell ist das FURPS-Modell (Functionality, Usability, Reliability, Performance and Supportability) von Hewlett-Packard, das vor allem die Wünsche der Kunden durch Konkretisierung einzelner Merkmale bis hin zu Indikatoren vorsieht.

Unterschiedliche Softwareprodukte weisen in der Regel viele gleiche Kernmerkmale auf, wie beispielsweise funktionale Anforderungen. Diese Kernmerkmale sind in der DIN ISO 9126 standardisiert. Auf dieser basierend, präsentiert Abbildung 1 die Kernmerkmale und dazugehörigen Teilmerkmalen für produktorientierte Qualitätsmodelle.

---

[5] Wallmüller (2011), Software Quality Engineering, 3. Auflage (2011), S. 10
[6] Vgl. Balzert (1998), Lehrbuch der Softwaretechnik: Software Management, Software-Qualitätssicherung, Unternehmensmodellierung, S. 257-261

Softwarequalitätsmerkmale		
Funktionalität	**Zuverlässigkeit**	**Benutzbarkeit**
• Angemessenheit • Richtigkeit • Interoperabilität • Ordnungsmäßigkeit • Sicherheit	• Reife • Fehlertoleranz • Wiederherstellbarkeit	• Verständlichkeit • Erlernbarkeit • Bedienbarkeit
Effizienz	**Änderbarkeit**	**Übertragbarkeit**
• Verbrauchsverhalten • Zeitverhalten	• Analysierbarkeit • Modifizierbarkeit • Stabilität • Prüfbarkeit	• Anpassbarkeit • Installierbarkeit • Austauschbarkeit

In Anlehnung an: Balzert (1998), Lehrbuch der Softwaretechnik: Software Management, Software-Qualitätssicherung, Unternehmensmodellierung, Seiten 258-260

Abbildung 1: Qualitätsmerkmale von Software nach DIN ISO 9126

Grundsätzlich lassen sich die verschiedenen Qualitätsmodelle in drei Betrachtungsansätzen differenzieren. Ähnlich zum Qualitätsbegriff werden hierbei produktorientierte und prozessorientiere Modelle unterschieden. Der dritte Ansatz klassifiziert Modelle des projektorientierten Ansatzes.[7]

---

[7] Vgl. Wallmüller (2011), Software Quality Engineering, 3. Auflage (2011). S.11-26

2 Normen und Richtlinien

Der traditionelle produktorientierte Ansatz für Softwarequalität basiert auf der Prüfung des fertigen Softwareprodukts hinsichtlich der Erfüllung von Anforderungen und sieht Korrekturen von Abweichungen vor. Der prozessorientierte Ansatz hingegen hat die Zielsetzung, die Qualität eines Produktes bereits im Entwicklungsprozess zu verbessern. Dieser Ansatz stützt sich auf die Annahme, dass qualitativ hochwertige Prozesse hochqualitative Produkte zum Ergebnis haben, die weniger Qualitätsschwankungen unterliegen als beim produktorientierten Ansatz. Aufgrund der sehr zeitintensiven Tests und Korrekturen sowie den damit einhergehenden hohen Kosten, hat sich der produktorientierte Ansatz in der Praxis jedoch als ineffizient erwiesen. Darüber hinaus haben sich Mischformen entwickelt, die Inhalt der IEEE (Institute of Electrical and Electronics Engineers) sind.[8]

Die in den folgenden Abschnitten vorgestellten Standards umfassen bei weitem nicht alle Normen und Richtlinien. Vielmehr handelt es sich hierbei um die wichtigsten und am meisten genutzten Standards. Darüber hinaus existieren viele Normen und Modelle, die unternehmens- oder branchenspezifisch sind und daher eine weniger weite Verbreitung haben, wie z.B. Standards für Software in der Luft- und Raumfahrt. In der Praxis ist es vielmehr so, dass ein jeder Standard oder ein jenes Modell seine eigenen Anwendungsbereiche abdeckt, manche universellere, andere speziellere Gebiete. Viele, vor allem ältere Standards, sind darüber hinaus durch neue Standards abgelöst worden oder als Bestandteil in neue Modelle und Normen eingeflossen.[9]

2.1 Standards des produktorientierten Ansatzes

Unter die Produktnormen fallen in erster Linie Standards zur Beurteilung von Produktqualität wie die ISO/IEC 9126 (International Electrotechnical Commission). Diese beziehen sich auf die analytische Bewertung einheitlicher Kriterien und Merkmale von Softwareprodukten. Die Standards des produktorientierten Ansatzes betrachten hierbei meist Teilgebiete wie die Ergonomie eines Produktes. So werden die Produktnormen und Richtlinien in Normen für Programme und Daten, Ergonomie, Si-

---

[8] Vgl. Kneuper, Sollmann (1995), Normen zum Qualitätsmanagement bei der Softwareentwicklung, www.kneuper.de, (Abruf: 30.05.2013), S. 3f;
Vgl. Wallmüller (2011), Software Quality Engineering, 3. Auflage (2011), S. 26f
[9] Vgl. Wallmüller (2011), Software Quality Engineering, 3. Auflage (2011). S.30

cherheit und Dokumentation unterschieden. Tabelle 2 gibt einen Überblick über die wichtigsten Normen und Richtlinien dieses Ansatzes.

Standards des produktorientierten Ansatzes	
Programme und Daten	
• ISO/IEC 9126 ISO/IEC 25000	IT – Software Produkt Evaluierung – Qualitätscharakteristika und Richtlinien für die Anwendung
• ISO/IEC 25051:2006	Softwareengineering – Software Produkt Qualitätsanforderungen und Evaluierung
Ergonomie	
• ISO 9241	Ergonomie der Mensch und System Interaktion
• DaTech Prüfhandbuch Gebrauchstauglichkeit	Leitfaden für Softwareergonomie
Sicherheit	
• Common Criteria for Information Technology Security Evaluation	Kriterien zur Beurteilung und Zertifizierung von Computersystemen hinsichtlich der Datensicherheit
• ITSEC (Information Technology Security Evaluation Criteria)	Beurteilungs- und Zertifizierungsstandard für Software und IT-Systeme hinsichtlich der Sicherstellung der Funktionalität und Vertrauenswürdigkeit.
Dokumentation	
• DIN 66230	Informationsverarbeitung - Programmdokumentation
• DIN 66270	Informationstechnik – Bewerten von Software-Dokumentation - Qualitätsmerkmale

Tabelle 2: Standards des produktorientierten Ansatzes[10]

2.1.1 ISO/IEC 9126 und ISO/IEC 25000

Die ISO/IEC 9126 ist in der ISO/IEC 25000 aufgegangen und wurde durch diese neue Norm ersetzt. Die ISO 9126 präzisierte Softwarequalitätsmerkmale hinsichtlich unterschiedlicher Anforderungen mit dem Ziel, die Qualität eines Softwareproduktes mit einheitlichen Kriterien bewertbar und messbar zu machen.

Für Softwareentwickler kann die Norm als eine Leitlinie gesehen werden, damit qualitativ wichtige Merkmale und deren Ausgestaltung, von Entwicklungsbeginn an in der Planung und Entwicklung berücksichtigt werden. Für den Kunden eines Produktes

---

[10] Vgl. Wallmüller (2011), Software Quality Engineering, 3. Auflage (2011), S. 28

liefern die Merkmale wichtige Anhaltspunkte, welche Kriterien ein Softwareprodukt zu betrachten ist.

Die ISO/IEC 25000 Serie erweist sich als gültiger Leitfaden für die Bewertung von Softwarequalität und den dafür nötigen Kriterien. Die Norm vereint darüber hinaus die ISO/IEC 9126 und die ISO/IEC 14598 (Information Technology – Software Product Evaluation) Norm und definiert das sogenannte ISO SQuaRE-Model (Software product Quality Requirements and Evaluation), welches die Serie der ISO/IEC 25000-25099 Normen umfasst. Die ISO/IEC 25000 Serie enthält die wichtigsten Normen zur Bewertung von Softwareprodukten.[11]

Einen Überblick über die Qualitätsmerkmale der ISO 9126 liefert Abbildung 1: Qualitätsmerkmale von Software nach DIN ISO 9126 (siehe Absatz 1.3.3).

2.1.2 DIN EN ISO 9241 Serie

Die DIN EN ISO 9241 Serie dient der Beschreibung von Anforderungen an die Ergonomie der Schnittstelle zur Interaktion zwischen Mensch und Computersystem/Anwendung. Dabei liegt der Fokus für Qualität in der Softwareentwicklung des Teil 10 der Norm auf der Gebrauchstauglichkeit (Usability) von Softwareprodukten.

Die Gebrauchstauglichkeit wird in der Norm als „Das Ausmaß, in dem ein Produkt durch bestimmte Benutzer in einem bestimmten Nutzungskontext genutzt werden kann, um bestimmte Ziele effektiv, effizient und zufriedenstellend zu erreichen."[12] definiert. Die abstrakten Qualitätsziele dieser Norm an ein Softwareprodukt bzw. deren Benutzungsschnittstelle sind somit die drei Kernanforderungen Effektivität, Effizienz und Zufriedenheit.

- Effektivität:
  Erfüllt das Produkt die funktionalen Anforderungen des Benutzers?
- Effizienz:
  Ist die Benutzbarkeit für einen Benutzer schnell erlernbar? Ist die Bedienung unkompliziert, intuitiv und vermeidet Benutzungsfehler?
- Zufriedenheit:
  Ist eine Aufgabe für den Benutzer zufriedenstellend mit der Software zu erfüllen?

---

[11] Vgl. ISO/IEC 25000:2005, S. v-vi
[12] DIN EN ISO 9241-11

In der Praxis besteht jedoch aufgrund des hohen Abstraktionslevels die Schwierigkeit, ein Softwareprodukt hinsichtlich dieser Kriterien zu entwickeln oder objektiv zu bewerten. Dieses Problem steigt mit Zunahme der Komplexität einer Software. Indikatoren zur Messung und Bewertung sind nur schwer zu bestimmen. Die objektive Vergleichbarkeit von Software hinsichtlich ihrer Ergonomie ist daher nahezu unmöglich.[13]

Eine in der Praxis einfacher als die abstrakte Beschreibung der Gebrauchstauglichkeit anwendbare Norm für Usability ist die DIN EN ISO 9241-110. Sie beschreibt sieben relevante Prinzipien für die Ausformung der Dialoggestaltung zwischen Benutzer und einem Softwaresystem oder einer Webseite. Die Anforderungen an eine Benutzungsschnittstelle werden weitreichender konkretisiert, als die der Gebrauchstauglichkeit. Dies macht die Anwendung dieser Norm in der Praxis einfacher, auch wenn die Interpretation, wie auch die Implementierung, jeder dieser Grundsätze eine große Herausforderung an die Entwickler darstellt.[14]

Die sieben Prinzipien der Gestaltung einer Benutzungsschnittelle sind:[15]

- Aufgabenangemessenheit
- Selbstbeschreibungsfähigkeit
- Erwartungskonformität
- Fehlertoleranz
- Steuerbarkeit
- Individualisierbarkeit
- Lernförderlichkeit

2.2 Prozessorientierte Normen und Richtlinien

Normen und Richtlinien des prozessorientierten Ansatzes streben nach hoch qualitativer Software, die durch Bewertung und Verbesserung der Entwicklungsprozesse, auf Basis systematischen Vorgehens in der Entwicklungsphase erreicht werden soll. Prozessorientierte Standards zeichnen sich unter anderem durch Richtlinien zur Pro-

---

[13] Vgl. Wallmüller (2011), Software Quality Engineering, 3. Auflage (2011), S. 355-360
[14] Vgl. Edb., S.360;
Vgl. Hofmann (13.02.2008), Einführung in die ISO 9241-110,www.fit-fuer-usability.de, (Abruf: 05.06.2013)
[15] Vgl. DIN EN ISO 6241-110

zesserfassung und –bewertung aus, sowie Maßnahmen zur Prozessverbesserung[16].
Die Betrachtung von Prozessen hat bei diesen Modellen in der Regel einen ganzheit-
lichen Anspruch. Alle Bereiche die mit der Erstellung der Software in Berührung
kommen, werden über den gesamten Softwarelebenszyklus betrachtet.

Seit den 1980er Jahren entstanden verschiedenste Standards und Modelle zur Bewertung, Messung und Verbesserung von Entwicklungsprozessen. Die Bekanntesten
und gebräuchlichsten Standards und Modelle sind in **Fehler! Verweisquelle konnte
nicht gefunden werden.** aufgeführt.

Standards des prozessorientierten Ansatzes	
Qualitätsmanagement (-Systeme)	
DIN ISO 9000:2005	Grundlagen und Begriffe des Qualitätsma-nagement
DIN ISO 9001:2008	Anforderungen für Qualitätsmanagementsys-teme
DIN ISO 9004:2009	Leiten und Lenken für den nachhaltigen Erfolg einer Organisation – Ein Qualitätsmanagemen-tansatz
Software-Prozesse und Vorgehensmodelle	
ISO/IEC 90003:2004	Software- und Systemtechnik – Richtlinien für die Anwendung der ISO 9001:2000 auf Compu-tersoftware
V-Modell XT	Vorgehensmodell zum Planung und Durchfüh-ren von Systementwicklungsprojekten.
Best-Practice-Prozessmodelle	
SPICE (Software Pro-cess Improvement & Capability Determina-tion) ISO/IEC 15504	Verfahren zur Verbesserung der organisations-eigenen Prozesse und Bestimmung der Pro-zessfähigkeit
CMMI for Development (Capability Maturity Model Integration) & SCAMPI	Qualitätsmanagementmodell für System- und Softwareentwicklung und verwandte Bereiche
BOOTSTRAP	Ansatz zur Beurteilung der Qualität von Ent-wicklungsprozessen und deren Verbesserung

Tabelle 3: Standards des prozessorientierten Ansatzes[17]

---

[16] Vgl. Lichter, Ludwig (2007), Software Engineering, 1. Auflage (2007), S. 219
[17] Vgl. Wallmüller (2011), Software Quality Engineering, 3. Auflage (2011), S. 27f

Es ist zu beachten, dass gute Entwicklungsprozesse allein kein Garant für qualitativ hochwertige Software sind. Vielmehr sind die Prozesse ein Qualitätsfaktor in einem Softwareentwicklungsprojekt. Neben den Prozessen sind die eingesetzten Techniken, wie Methoden, Werkzeuge und die Programmiersprache, sowie die Mitarbeiter weitere Erfolgs- und Qualitätsfaktoren.[18]

2.2.1 DIN EN ISO 900x Normenreihe

Die DIN EN ISO 9000 Serie umfasst Standards für Qualitätsmanagementsysteme (QMS) und findet aufgrund ihrer Prozessorientierung und des hohen Adaptionsvermögens in unterschiedlichen Bereichen, unter anderem auch in der Softwareentwicklung, Anwendung. Ein Qualitätsmanagementsystem ist laut ISO 9000 ein Managementsystem zum Leiten und Steuern einer Organisation hinsichtlich der Qualität.

Die Normen der ISO 9000 verfolgen das Ziel, produzierenden und entwickelnden Unternehmen, sowie deren Kunden objektive Kriterien zur Bewertung der Qualitätsfähigkeit eines Unternehmens bereit zu stellen, welche wiederum Anhaltspunkte für die Qualität deren Produkte geben. Dabei betrachtet die ISO 9000 Normenreihe nicht das Endprodukt selbst, sondern die Prozesse und Abläufe in einem Unternehmen, die zu einem Produkt führen bzw. an dessen Erstellung beteiligt sind.[19]

Die ISO 9000 Norm gibt hierzu Anforderungen vor, dass die qualitätsrelevanten Prozesse und Abläufe in einer Organisation erfasst und dokumentiert werden sollen, sowie dass diese eingehalten und die Kontrollergebnisse festgehalten werden. Die ISO 9000 stellt einen Leitfaden dar, welche Bereiche in einem QMS zu regeln sind. Wie die Regelung der einzelnen zu betrachtenden Bereiche vorgenommen wird lässt die Norm aufgrund ihrer Allgemeingültigkeit jedoch offen.

Zum Nachweis des Einhaltens der Anforderung der ISO 9000 gegenüber Geschäftspartnern, kann eine Organisation die nach ISO 9000 agiert, durch eine unabhängige Stelle wie beispielsweise dem TÜV per Audit geprüft und zertifiziert werden. Dies kann vor allem dann wichtig sein, wenn ein Kunde die Zertifizierung nach ISO 9000 für seine Lieferanten vorschreibt.

Die ISO 9000 Normenreihe umfasst mehrere Standards. Die ISO 9000 Norm (Qualitätsmanagementsysteme – Grundlagen und Begriffe) selbst, definiert die Grundbe-

---

[18] Vgl. Lichter, Ludwig (2007), Software Engineering, 1. Auflage (2007), S. 219f
[19] Vgl. Wallmüller (2011), Software Quality Engineering, 3. Auflage (2011), S. 92ff

griffe und dient als Anleitung für die Normen ISO 9001 bis 9004. Vor allem Teil 3 der ISO 9000 beschreibt, wie die ISO 9001 auf Software anzuwenden ist. Die wichtigsten Standards dieser Normenreihe, aus Sicht des Softwareengineering, sind die ISO 9001:2008 (Qualitätsmanagementsysteme – Anforderungen) und die ISO 9004:2009 (Leiten und Lenken für den nachhaltigen Erfolg einer Organisation – Ein Qualitätsmanagementansatz).

Die ISO 9001:2008 legt fest, welche Mindestanforderungen an ein QMS durch eine Organisation zu erfüllen sind, damit diese Produkte erstellen können, die den Kundenanforderungen hinsichtlich der Qualität gerecht werden. Die ISO 9001 sieht dabei eine Betrachtung der Prozesse und Organisation für den gesamten Lebenszyklus eines Softwareproduktes von der Entwicklung über die Integration bis hin zur Wartung vor. So gibt der Standard beispielsweise vor, dass ein Phasenvorgehensmodell, wie beispielsweise das V-Modell, für die Entwicklung von Software verwendet werden soll. Aufgrund der Allgemeingültigkeit konkretisiert die Norm jedoch auch hier nicht welches Modell zu nutzen ist[20].

Die ISO 9004:2009 betrachtet zusammen mit der ISO 9001 ein Qualitätsmanagementsystem aus Unternehmenssicht. So fließen hier neben den Anforderungen der ISO 9001 noch zusätzlich Wirtschaftlichkeitsaspekte, die Produktsicherheit und Marketingaspekte mit ein. Vor dem Hintergrund die Prozessqualität sicherzustellen kann ein Unternehmen die ISO 9004 auch für interne Prozesse, die nicht im Zusammenhang mit externen Geschäftspartnern stehen, anwenden. Für Kunden oder eine Zertifizierungsstelle spielen die Aspekte der ISO 9004 jedoch keine direkte Rolle.

Zur Einführung eines Qualitätsmanagementsystems nach ISO 9001 ist es für einen Softwarehersteller notwendig, ein klares Bild aller seiner Prozesse und Abläufe zu erlangen, sowie detailliertes Wissen über die Verantwortlichkeiten aufzubauen und zu dokumentieren. Aufgrund dieser ausführlichen Betrachtung der eigenen Prozesse lassen sich Schwachstellen und Verbesserungspotentiale in den eigenen Prozessen und Abläufen aufspüren. Dies bietet die Chance diese zu optimieren.

Eine Zertifizierung bietet darüber hinaus die Möglichkeit zu einer kontinuierlichen Weiterentwicklung des Qualitätsmanagementsystems, da hier regelmäßige Audits zur Aufrechterhaltung der Zertifizierung durchgeführt werden müssen.

---

[20] Vgl. Lichter, Ludwig (2007), Software Engineering, 1. Auflage (2007), S. 331

Die allgemeingültige Formulierung in der ISO 9000 Normenreihe lässt jedoch viele Möglichkeiten zur eigenen Interpretation für ein Unternehmen zu. Dies kann dazu führen, dass ein Softwarehersteller zwar die formalen Anforderungen der ISO 9001 erfüllt, diese jedoch auf einem sehr geringen Qualitätslevel vollführt.

2.2.2 CMMI (Capability Maturity Model Integration)

Das CMM-Modell wurde Ende der 1980er Jahre durch das Software Engineering Institute (SEI) im Auftrag des amerikanischen Verteidigungsministeriums, Departure of Defense, entwickelt, um Softwarelieferanten hinsichtlich ihrer Qualität zu bewerten. Dies wurde nötig, da immer mehr Softwareentwicklungsprojekte aufgrund schlechter Planung, vereinbarte Zeit- und Kostenziele überschritten.

Basierend auf den Weiterentwicklungen des CMM-Modells für Software und den zwischenzeitlich entwickelten weiteren CMM-Modellen (z.B. für Systementwicklung) wurde der Ruf nach einem Modell laut, das die CMM-Modelle vereint. Daraus wurde seit 1997 das CMMI-Modell stufenweise bis zur heutigen Version 1.3 entwickelt.

Das CMMI-Modell ist ein Reifegradmodell mit dem Ziel, die Qualität der Prozesse von Software- und Systemlieferanten durch Prozessbewertungen in Reifegraden abzubilden. Der erreichte Reifegrad einer Organisation kann somit die Kompetenz hinsichtlich der Qualität dieser Organisation aufzeigen und so ein wichtiges Entscheidungskriterium für die Vergabe eines Entwicklungsauftrages sein. Dabei wird der Reifegrad der ganzen Organisation zugeordnet. Die Bewertung einer Organisation erfolgt bei CMMI unter Zuhilfenahme das sogenannte SCAMPI-Appraisal (Standard CMMI Appraisal Method for Process Improvement), welches nur von einer SEI autorisierten Person durchgeführt werden darf. Ein SCAMPI-Appraisal prüft die Umsetzung der Anforderungen eines Prozessmodells in einer Organisation.

Das CMMI-Modell unterscheidet fünf Reifegrade, wobei Stufe 1 den schlechtesten und Stufe 5 den höchsten Erfüllungsgrad beschreibt. Mit Ausnahme des Reifegrades 1 sind alle diesen Reifegraden Prozessgebiete zugeordnet, die jeweils den Softwareentwicklungsprozess unterstützen. Dabei bauen die einzelnen Stufen aufeinander auf. So kann Stufe i+1 nur erreicht werden, wenn Stufe i bereits erreicht wurde und die weiteren Anforderungen der Stufe i+1 erfüllt sind.[21]

---

[21] Vgl. Kneuper (2007), CMMI, 3. Auflage (2007), Seite 18f

CMMI - Reifegrade und ihre Charakterisierung	
Reifegrad 1 (initial)	• chaotische und zufällige Prozesse • unvorhersehbare Qualität, Dauer und Kosten • keine Anforderungen definiert
Reifegrad 2 (managed)	• Prozesse unter gleichen Bedingungen in etwa wie- derholbar • Projektmanagementgrundlagen erkennbar • Noch Abhängigkeiten von einzelnen Person
Reifegrad 3 (defined)	• Prozess hinsichtlich Qualität definiert • Termine und Kosten sicher planbar • unabhängig von einzelnen Personen
Reifegrad 4 (quantitatively managed)	• gute Kontrolle der Produktqualität • regelmäßige Ermittlung und Analyse von Prozesspa- rametern • Erkennung von außergewöhnlichen Prozessunre- gelmäßigkeiten
Reifegrad 5 (optimizing)	• Varianz der Ergebnisse reduzieren um Mittelwert der Ergebnisse zu erhöhen • potentielle Fehlerquellen aufspüren

Tabelle 4: CMMI-Reifegrade[22]

Das primäre Ziel des CMMI-Modells ist eine Organisation bei der kontinuierlichen Verbesserung der Entwicklungsprozesse zu unterstützen und so die Qualität und die Produktivität zu steigern.

Das CMMI-Modell ist jedoch nicht ausschließlich für Organisationen, die selbst Software entwickeln ausgelegt, sondern kann auch von Organisationen, die ein Softwareprojekt beauftragen, eingesetzt werden. Hierzu wird CMMI in drei Ausprägungen unterschieden:

- CMMI-DEV: CMMI for Developer

  Unterstützung zur Verbesserung von Organisationen die Software, Hardware oder Systeme entwickeln.

- CMMI-AUQ: CMMI for Acquisition

---

[22] Vgl. CMMI Product Team (8.2006), CMMI for development Version 1.2, Seiten 30-40;
Vgl. Kneuper (2007), CMMI, 3. Auflage (2007), Seiten 18-22

Unterstützung zur Verbesserung von Organisationen die Software, Hardware oder Systeme einkaufen, aber nicht selbst entwickeln.

- CMMI-SVC: CMMI for Services
Unterstützung zur Verbesserung von Organisationen die Dienstleistungen erbringen.

Der systematische Ansatz des CMMI-Models betrachtet die Anforderungen an die Qualität von Prozessen und Abläufen gegenüber dem Qualitätsmanagementsystem der ISO 9001 konkreter. Jedoch ist der Grundgedanke hinter beiden Modellen recht ähnlich, sodass sich viele Anforderungen des CMMI-Modells auch in der ISO 9001 und umgekehrt abbilden lassen[23].

Strebt eine Organisation eine höhere Reifegradstufe an, ist dies in der Praxis meist ein langwieriger und kostenintensiver Weg, weshalb das CMMI-Modell in der Kritik steht, nur für Großkonzerne geeignet zu sein. Die erfolgreiche Nutzung des CMMI-Modells bietet jedoch viele Vorteile, da beispielsweise Anforderungen konkreter werden, was zu realistischeren Kosten- und Aufwandsschätzungen führen kann und die Qualität eines Softwareproduktes in der Regel verbessert wird.[24]

2.2.3 SPICE (Software Process Improvement & Capability determination)

SPICE oder auch ISO 15504 gilt als die europäische Reaktion auf das amerikanische CMM-Modell. Dabei basiert SPICE auf den Erfahrungen die mit CMM gesammelt wurden, sowie auf der ISO 12207 Norm (Systems and software engineering - Software life cycle processes), die beide in SPICE einflossen. So lehnt sich SPICE an die Struktur, den Inhalt, sowie den Bezeichnung deutlich an das CMM-Modell an[25].

SPICE ist wie das CMMI-Modell ein Reifegradmodell, welches jedoch auf der Basis von Prozess-Assessments die Reifegrade von Prozessen in bestimmt und mögliche Prozessverbesserungen aufzeigt. Anders als beim CMMI-Modell bewertet SPICE nicht den Reifegrad der gesamten Organisation, sondern den der einzelnen Prozes-

---

[23] Vgl. Wallmüller (2011), Software Quality Engineering, 3. Auflage (2011), S. 130f
[24] Vgl. Kneuper (2007), CMMI, 3. Auflage (2007), Seiten 142-148
[25] Vgl. Balzert (1998), Lehrbuch der Softwaretechnik: Software Management, Software-Qualitätssicherung, Unternehmensmodellierung, S. 377

se. SPICE kann wie das CMM-Modell sowohl zur Bewertung der eigenen Software-entwicklung wie auch zur Bewertung von Lieferanten genutzt werden.

Ähnlich wie CMMI existieren auch in SPICE Reifegrade zur Einordnung der Prozess-reife. Im Gegensatz zum CMMI-Modell hat SPICE sechs Reifegrade, beginnend mit dem niedrigsten Reifegrad 0 bis Reifegrad 5. Die SPICE-Reifegrade lassen sich wie folgt charakterisieren:

SPICE - Reifegrade und ihre Charakterisierung	
Reifegrad 0 (incomplete)	• keine Prozesse vorhanden • vorhandene Prozesse werden nicht gelebt
Reifegrad 1 (performed)	• existierender Prozess, der die geforderten Ergebnisse erbringt
Reifegrad 2 (managed)	• systematisch umgesetzter Prozess (Planung, Kontrolle Anpassung) • definierte Prozessergebnisse • Dokumentation der Ergebnisse
Reifegrad 3 (established)	• gesamte Unternehmen verwendet einen einheitlichen, definierten und dokumentierten Prozess • Anpassung des Prozesses an die jeweiligen Projektgegebenheiten
Reifegrad 4 (predictable)	• kontinuierliche Kontrolle und Analyse der Prozesse und Produkte hinsichtlich der Qualität • kontinuierliche Überwachung der Einhaltung von Vorgaben
Reifegrad 5 (optimizing)	• potentielle Fehlerquellen aufspüren • bei ersten Anzeichen auf Abweichungen Gegenmaßnahmen initiieren

Tabelle 5: SPICE-Reifegrade[26]

Das SPICE Modell findet nicht ausschließlich in der Softwareentwicklung Anwendung. So etablierte sich in der Automobilindustrie vor allem das Automotive SPICE Modell, welches vorzugsweise zur Beurteilung der Leistungsfähigkeiten von Entwicklungsprozessen von beispielsweise Steuergeräteherstellern dient.

SPICE ist in vielerlei Hinsicht mit dem CMMI-Modell und der zugehörigen Untersuchungsmethode SCAMPI vergleichbar. SPICE gilt jedoch als das modernere und reifere Modell, da es in vielen Punkten präziser formuliert ist und Ziele genauer konkretisiert. Ein großer Vorteil von SPICE gegenüber CMMI ist, dass es mit relativ ge-

---

[26] Vgl. Lichter, Ludwig (2007), Software Engineering, 1. Auflage (2007), S. 233f;
Vgl. Müller et. al. (2007), Automotiv SPICE in der Praxis, 1. Auflage (2007), S. 8ff

ringem Aufwand umzusetzen ist und somit auch in kleinere Unternehmen eingesetzt werden kann.

2.3 Mischformen aus produkt- und prozessorientiertem Ansatz

Neben den Normen und Richtlinien des produkt- und prozessorientierten Ansatzes für Softwarequalität wurden Mischformen dieser beiden Ansätze entwickelt. Hier sind allem voran die Normen zum Qualitätsmanagement der IEEE zu nennen, deren Schwerpunkte für Qualität in der Softwareentwicklung in der Typisierung und inhaltlichen Vorgabe der Dokumentation liegen und Methoden und Aktivitäten für die Entwicklungsprozesse liefern. Dabei sind die einzelnen Normen eher als Module eines Qualitätsmanagementsystems zu sehen, welche Vorgaben für einzelne Teilbereiche eines QMS liefern, ohne das die IEEE ein gesamtes QMS betrachtet. Solche Teilbereiche können beispielsweise Vorgaben für Designdokumente (IEEE 1016) oder für die Dokumentation von Softwaretest (IEEE 829) bzw. deren Testmethoden (IEEE 1008) sein.[27]

Einen Überblick über die wichtigsten IEEE Normen in Zusammenhang mit Softwarequalitätsmanagement liefert Tabelle 6. Besonders hervorzuheben ist hier der IEEE Std. 730 (SQAP – Software Quality Assurance Plan), welcher eine Beschreibung der durchzuführenden Tätigkeiten für ein Softwareprojekt oder –produkt ist[28]. Der IEEE Std. 829 liefert Vorgaben zur Dokumentation von Softwaretests, wie Testpläne und Testprotokolle.

---

[27] Vgl. Wallmüller (2011), Software Quality Engineering, 3. Auflage (2011), S. 26
[28] Vgl. Kneuper, Sollmann (1995), Normen zum Qualitätsmanagement bei der Softwareentwicklung, www.kneuper.de, (Abruf: 30.05.2013), S. 9-11

Softwarequalitätsrelevante IEEE Normen	
• IEEE Std. 730	SQAP – Software Quality Assurance Plan
• IEEE Std. 828	SCMP – Software Configuration Management Plan
• IEEE Std. 829	STD – Software Test Documentation
• IEEE Std. 830	SRS – Software Reuirements Specification
• IEEE Std. 1012	SVVP – Software Validation & Verfication Plan
• IEEE Std. 1016	SDD – Software Design Description
• IEEE Std. 1058	SPMP – Software Project Management Plan
• IEEE Std. 1028	Software Reviews and Audits
• IEEE Std. 1074	Software Life Cycle Process
• IEEE Std. 15288	System and Softwareengineering – System Life Cycle Processes

Tabelle 6: IEEE-Normen[29]

Die Normen der IEEE sind jedoch in erster Linie als unterstützende Leitfäden zu verstehen, die eine Hilfestellungen bei der Softwareentwicklung und dem einhalten der Anforderungen an das Softwareprodukt darstellen. Aus diesem Grund ist auch keine Zertifizierung ihrer Einhaltung wie bei CMMI, ISO 9000 oder SPICE möglich und sinnvoll.[30]

---

[29] Vgl. Wallmüller (2011), Software Quality Engineering, 3. Auflage (2011), S. 26
[30] Vgl. Kneuper, Sollmann (1995), Normen zum Qualitätsmanagement bei der Softwareentwicklung, www.kneuper.de, (Abruf: 30.05.2013), S. 9-11

3 Fazit

Um am heutigen Softwaremarkt zu bestehen, ist es für softwareproduzierende Unternehmen und Institutionen nahezu unmöglich auf den Einsatz von systematischen Vorgehensweisen bei der Softwareentwicklung zu verzichten. Die Nutzung von Standards bietet einer Organisation viele Vorteile. So dienen die vorgestellten Normen und Richtlinien in erster Linie der Erhöhung der Qualität eines Softwareprodukts und somit einer höheren Abdeckung der Kundenanforderungen. Darüber hinaus fördern standardisierte Entwicklungsprozesse die Einhaltung von Kosten- und Zeitzielen. Die Überprüfung und Verbesserung der eigenen Prozesse kann neben der Verminderung von Fehlern zu einer Verbesserung der Wirtschaftlichkeit, und somit auch der Wettbewerbsfähigkeit führen.

Eine Zertifizierung über die Einhaltung der Anforderungen des Qualitätsmanagementsystems kann darüber hinaus zu Wettbewerbsvorteilen für eine Organisation führen, wenn beispielswiese eine Zertifizierung von einem potentiellen Kunden vorgeschrieben wird. Zusätzlich kann ein solcher Nachweis für Marketingzwecke als Qualitätsbotschaft Verwendung finden. Auch kann der eigene Wille zur Nachhaltigkeit der Prozessverbesserungen gestärkt werden, da wiederholende Audits zur Aufrechterhaltung der Zertifizierung nötig sind. Jedoch ist eine Zertifizierung recht kostspielig. Eine pauschale Empfehlung zu einer speziellen Norm oder Richtlinie kann nicht ausgesprochen werden. Vielmehr muss jede Organisation eine für ihre individuellen Bedürfnisse passende Vorgehensweise auswählen.

Speziell den Modellen CMMI und SPICE wird heute in der Softwareentwicklungsbranche große Bedeutung zugesprochen, auch wenn diese Modelle aufgrund ihrer Komplexität, ihren Umfangs und der Notwendigkeit erheblicher Sachkenntnisse, in erster Linie für den Einsatz in größeren Organisationen geeignet sind. Auf dem Weg zur industrialisierten Softwareentwicklung, mit anhaltend qualitativ hochwertiger Software, stellt das Nutzen von Normen und Richtlinien, wie auch in anderen Branchen, eine wesentliche Voraussetzung dar[31].

Die aus dem Einsatz von standardisierten Vorgehensweisen langfristig resultierenden Erfolge übertreffen in der Regel jedoch die langwierigen Mühen und Aufwände während der Einführung.

---

[31] Vgl. BITKOM (Hrsg.)(2010), Industrielle Softwareentwicklung, www.bitkom.de, (Abruf: 29.04.2013), Seite 27

Literaturverzeichnis

Balzert Helmut Lehrbuch der Software-Technik - Software-Management, Software-Qualitätssicherung, Unternehmensmodellierung [Buch]. - Heidelberg;Berlin : Spektrum, Akademischer Verlag, 1998. - 3-8274-0065-1.

BITKOM www.bitkom.de [Online] // Industrielle Softwareentwickung. - BITKOM, 2010. - 29. 04 2013. - http://www.bitkom.org/files/documents/Industrielle_Softwareentwicklung_web.pdf.

CMMI Product Team CMMI for Development [Buch] / Hrsg. Institute Software Engineering. - Carnegie Mellon University : KUGLER MAAG CIE, 2006. - CMU/SEI-2006-TR-008 ESC-TR-2006-008.

Deutsches Institut für Normung Begriffe zum Qualitätsmanagement - Teil 11: Ergänzung zu DIN EN ISO 9000:2005 // DIN 55350-11:2008-05. - 2008.

Deutsches Institut für Normung Ergonomische Anforderungen für Bürotätigkeiten mit Bildschirmgeräten - Teil 11: Anforderungen an die Gebrauchstauglichkeit; Leitsätze (ISO 9241-11:1998); Deutsche Fassung EN ISO 9241-11:1998.

Deutsches Institut für Normung Titel (deutsch): Ergonomie der Mensch-System-Interaktion - Teil 110: Grundsätze der Dialoggestaltung (ISO 9241-110:2006); Deutsche Fassung EN ISO 9241-110:2006 // DIN EN ISO 9241-110:2008-09. - 09 2008. - DIN EN ISO 9241-110:2008-09.

Garvin David A. What does Product Quality Really Mean? [Artikel] // Fall 1984. - Harvard Univerity : [s.n.], 05. 10 1984. - S. 25-45.

Hofmann Britta Einführung in die ISO 9241-110 [Online] // http://www.fit-fuer-usability.de. - Förderverein Usability-Netzwerk Bonn/Rhein-Sieg eV., 13. 02 2008. - 05. 06 2013. - http://www.fit-fuer-usability.de/archiv/einfuehrung-in-die-iso-9241-110.

International Organisation of Standardisation Software Engineering -- Software product Quality Requirements and Evaluation (SQuaRE) -- Guide to SQuaRE // ISO/IEC 25000:2005. - 01. 08 2005. - ISO/IEC 25000:2005(E).

Kneuper Ralf CMMI [Buch]. - Heidelberg : dpunkt.verlag, 2007. - 3. Auflage. - 978-0-89864-464-8.

Kneuper Ralf und Sollmann Frank Normen zum Qualitätsmanagement bei der Softwareentwicklung [Online]. - 1995. - 29. 04 2013. - http://www.kneuper.de/Publikationen/normen-software-entwicklung.pdf.

Ludewig Jochen und Lichter Horst Software Engineering [Buch]. - Heidelberg : dpunkt.verlag GmbH, 2007. - 1. Auflage. - 3-89864-268-2.

Müller Markus [et al.] Automotive SPICE in der Praxis [Buch]. - Heidelberg : dpunkt.verlag GmbH, 2007. - 1. Auflage. - 978-3-89864-469-3.

Wallmüller Ernest Software Quality Engineering [Buch]. - München : Carl Hanser Verlag, 2011. - 978-3-446-40405-2.